SIMONE CASAGRANDE

ACQUA TRAINING

**Come Avere un Fisico Armonioso,
un Cuore Forte e uno Spirito Sereno
grazie all'Aiuto dell'Acqua**

Titolo

"ACQUA TRAINING"

Autore

Simone Casagrande

Editore

Bruno Editore

Sito internet

http://www.brunoeditore.it

Tutti i diritti sono riservati a norma di legge. Nessuna parte di questo libro può essere riprodotta con alcun mezzo senza l'autorizzazione scritta dell'Autore e dell'Editore. È espressamente vietato trasmettere ad altri il presente libro, né in formato cartaceo né elettronico, né per denaro né a titolo gratuito. Le strategie riportate in questo libro sono frutto di anni di studi e specializzazioni, quindi non è garantito il raggiungimento dei medesimi risultati di crescita personale o professionale. Il lettore si assume piena responsabilità delle proprie scelte, consapevole dei rischi connessi a qualsiasi forma di esercizio. Il libro ha esclusivamente scopo formativo.

Sommario

Introduzione   pag. 5

Capitolo 1: Come il movimento in acqua migliora
              il tuo corpo   pag. 8

Capitolo 2: Come allenarsi senza attrezzi   pag. 18

Capitolo 3: Come allenarsi con gli attrezzi   pag. 59

Conclusione   pag. 89

Introduzione

Nel 1995, assieme a un gruppo di ragazzi (allora studenti di scienze motorie) ho iniziato la mia avventura nel mondo della piscina. Abbiamo riaperto una struttura chiusa da dieci anni e, passo dopo passo, abbiamo creato una bella realtà. Oggi il nostro impianto è frequentato da moltissime persone e l'affluenza è andata via via sempre crescendo.

I miei compiti sono diversi: organizzo il personale tecnico, faccio l'istruttore di nuoto e mi occupo di preparazione atletica in acqua. In questo ebook voglio approfondire proprio quest'ultimo argomento, che ritengo interessante, innovativo e molto efficace per il miglioramento fisico.

Solitamente chi frequenta una piscina pensa solo al nuoto: a fare su e giù nei vari stili (libero, dorso, rana e delfino) e ogni tanto a scambiare quattro chiacchiere con il compagno di corsia. Niente da dire sui benefici di questo sport che a mio avviso sono eccezionali. Tuttavia ho voluto proporre un'attività alternativa che ritengo straordinaria: **l'acqua training**.

Tutto è iniziato con la squadra di basket che preparo (sono preparatore atletico del Fossombrone che si trova in B2). Nella settimana di scarico, portavo i ragazzi in piscina per "sciogliere" un po' le gambe e mi sono accorto dei benefici che quest'attività dava ai muscoli degli atleti. Ho pensato che sarebbe stato possibile utilizzare il mezzo acquatico anche per lavorare sul condizionamento fisico delle persone.

Ebbene, dopo dieci anni di utilizzo, devo proprio dire che quest'attività è semplicemente fantastica: muscoli più elastici e affusolati, riduzione degli infortuni, miglioramento del recupero post-partita e incremento della resistenza generale.

Adesso i miei corsi di acqua training sono aperti a tutti, uomini e donne, atleti e no, giovani e meno-giovani e con grande soddisfazione devo dire che l'entusiasmo è alle stelle. Non pensare che siano lezioni leggere, perché spesso chi ha partecipato ai miei corsi pensando di fare una passeggiata è tornato a casa incredulo. L'acqua training è un'attività faticosa, che fa lavorare tutto il corpo, sviluppa i muscoli, li allunga e soprattutto, grazie ai ridotti tempi di recupero, ti fa dimagrire definitivamente.

Inoltre, è adatta anche a quelle persone (e sono ancora tante!) che non sanno nuotare, perché si tratta di un'attività in "verticale". Al termine dell'ebook potrai allenarti in piscina o al mare quando e dove vorrai!! I risultati saranno straordinari e t'innamorerai dell'acqua come non avresti mai lontanamente pensato! È il momento di agire e se sei pronto… ci tuffiamo!!!

Buona lettura!
Simone Casagrande

CAPITOLO 1:
Come il movimento in acqua migliora il tuo corpo

Negli ultimi anni le attività fisiche svolte in piscina hanno subìto una notevole evoluzione. Siamo passati dal semplice nuoto e i suoi quattro stili a molte nuove attività. Questo ha permesso un grosso aumento della frequenza dei partecipanti e anche un interessamento scientifico maggiore soprattutto per quanto riguarda il campo riabilitativo (distorsioni delle caviglie e del ginocchio, recupero funzionale della spalla, dell'anca ecc.) e la preparazione atletica in acqua.

I vantaggi del movimento in acqua rispetto al movimento fatto a "secco" (in palestra, in pista, in campo ecc.) sono molteplici:
- Riduce il sovraccarico gravitazionale. Questo ti permette di fare attività fisica senza problemi, anche se sei in sovrappeso o hai subito traumi limitanti;
- Il rischio d'infortuni si riduce notevolmente quando il movimento è fatto in appoggio e si annulla o quasi quando

svolgi un esercizio in acqua alta senza appoggiare i piedi a terra;
- Migliora il ritorno venoso linfatico: infatti, la posizione verticale del corpo, facilita il flusso sia del sangue sia della linfa dalle estremità verso il cuore. Questo, grazie alla pressione idrostatica che è maggiore in profondità rispetto a quella in superficie;
- Il rischio di dolori muscolari dovuti alla contrazione eccentrica diminuisce notevolmente. La contrazione eccentrica, se svolta su terra ferma, può causare microtraumi alla struttura contrattile del muscolo, provocando dolore articolare. In acqua questo problema si riduce;
- È molto efficace per il condizionamento fisico. Infatti, essendo l'acqua più densa dell'aria, per muoversi bisogna vincere una resistenza maggiore. Più aumenta la velocità più aumenta il carico di lavoro di tutta la muscolatura;
- Migliora la mobilità articolare grazie alla pressione idrostatica, alla compressione sulle articolazioni e alla temperatura normalmente alta dell'acqua (da 28° a 33° circa).

SEGRETO n. 1: allenarsi in acqua offre enormi vantaggi per

il miglioramento del tuo corpo e della tua salute.

Caratteristiche del corpo immerso in acqua

Sicuramente avrai già sentito parlare del principio di Archimede che dice: *"Un corpo immerso in acqua o in altro fluido riceve una spinta dal basso verso l'alto, uguale al peso del volume del liquido spostato"*. Secondo questo principio il nostro peso diminuisce a seconda dell'altezza dell'acqua. In sostanza, il corpo immerso in acqua subisce due forze contrapposte: la forza di gravità e il principio di Archimede.

La forza di gravità agisce sul baricentro del corpo, mentre il principio di Archimede agisce sul centro di gravità. Con il corpo in verticale le due forze si trovano sulla stessa linea e non provocano nessun tipo di reazione, mentre se non sono allineate sulla stessa verticale, determinano una rotazione sul segmento del corpo fino a quando non è raggiunto un allineamento fra le due forze. Possiamo riassumere la perdita di peso in acqua in questo modo *(fonte my-personaltrainer.it)*:

PESO ACQUATICO IN RELAZIONE AL LIVELLO DI IMMERSIONE	
Altezza acqua	**Peso acquatico**
Immersione totale	3% del peso terrestre
Fino al collo	7% del peso terrestre
Alle spalle	20% del peso terrestre
Al petto	33% del peso terrestre
All'ombelico	50% del peso terrestre
Al bacino	66% del peso terrestre
A metà coscia	80% del peso terrestre
Al polpaccio	95% del peso terrestre

SEGRETO n. 2: quando t'immergi in acqua, il tuo peso "diminuisce". Questo ti permette di svolgere attività fisica anche se hai problemi muscolari o alle articolazioni.

Come si comporta il muscolo in acqua

Adesso voglio parlarti della contrazione muscolare in acqua. Quest'argomento è molto importante perché ti fa capire le differenze principali che ci sono fra movimenti fatti in acqua e movimenti fatti a "secco". Prendiamo come esempio un esercizio che hai sicuramente fatto in palestra: la flesso-estensione del ginocchio alla *leg-extension*. Nel movimento di estensione (gamba dritta) si ha la contrazione concentrica dei muscoli estensori (anteriori della coscia), mentre nel movimento di flessione (gamba piegata) si ha la contrazione eccentrica dei muscoli estensori.

In palestra, nell'esercizio alla leg-extension, i muscoli flessori (posteriori della coscia) non lavorano, mentre si potenziano gli estensori in contrazione concentrica ed eccentrica. In acqua cambia tutto! Prendiamo lo stesso esercizio (flesso-estensione del ginocchio) e notiamo che nel movimento di estensione (gamba dritta) si ha la contrazione concentrica dei muscoli estensori della coscia che vincono la resistenza dell'acqua; ma nel movimento di flessione (gamba piegata) entrano in gioco i muscoli flessori (che in palestra non lavoravano) sempre in contrazione concentrica.

Ti ho fatto questo semplice esempio per spiegarti che lo stesso movimento, svolto in acqua o fuori non produce gli stessi effetti.

Potrei farti tantissimi altri esempi ma preferisco essere pratico e, semplice perché se stai leggendo questo ebook, sei sicuramente uno cui piace "agire" e non vedi l'ora di arrivare a qualcosa di concreto.

LA CONTRAZIONE MUSCOLARE

Contrazione isometrica

Il muscolo si contrae mantenendo invariata la sua lunghezza.

Contrazione isotonica

Il muscolo si contrae variando la sua lunghezza.

Contrazione concentrica

Il muscolo contraendosi vince la resistenza e si accorcia.

Contrazione eccentrica

Il muscolo contraendosi si lascia vincere dalla resistenza e si allunga mantenendo la tensione.

La corsa in acqua

L'allenamento in acqua, quindi, non può prescindere da due fattori: il corpo è più leggero (per la spinta idrostatica) e l'avanzamento più impegnativo (per la resistenza maggiore dell'acqua rispetto all'aria). Ne consegue che anche la corsa in acqua è molto differente dalla corsa a terra.

È importante sottolineare come nella corsa in acqua manchi quasi completamente (dipende dall'altezza dell'acqua) la spinta dei piedi, fondamentale invece nella corsa a terra. Sicuramente i muscoli delle cosce lavorano di più e i polpacci di meno rispetto alla corsa su terra ferma, ma anche le braccia possono lavorare diversamente. Infatti, se corro fuori dall'acqua, le braccia devono muoversi in coordinazione con le gambe e ci deve essere un angolo di 90° tra braccio e avambraccio; mentre se corro in acqua, le braccia fanno lo stesso movimento ma (alcuni autori lo suggeriscono) con i palmi delle mani "aggancio" e "tiro" l'acqua per aiutarmi nell'avanzamento.

È possibile anche correre con le braccia alte fuori dall'acqua, ma secondo me è una posizione poco comoda e da utilizzare solo in certi esercizi. Comunque, se hai problemi alle articolazioni o limitazioni muscolari correre in acqua ti permette di non interrompere l'allenamento. Questo vale anche se pratichi un'attività sportiva e non vuoi perdere la condizione fisica.

Molti studi hanno dimostrato come dal punto di vista cardiovascolare e respiratorio le differenze tra lavoro in acqua e fuori non siano significative. Tuttavia sembra che la frequenza cardiaca in acqua, per produrre gli stessi effetti allenanti del lavoro a secco, debba essere inferiore di 10-12 pulsazioni al minuto e che il recupero sia leggermente più veloce.

SEGRETO n. 3: anche se sei in sovrappeso puoi svolgere attività in acqua. Questo è molto importante perché a "secco" dovresti evitare tanti esercizi per salvaguardare le articolazioni. **A terra cammineresti, in acqua corri!**

DIFFERENZA TRA CORSA IN ACQUA ALTA E SU TERRA
100 m su terra = 10 secondi
8 m in acqua = 6,7 secondi
$V_1 = s/t = 100/10 = 10$ m/secondo $= 36$ km/h
$V_2 = s/t = 8/6,7 = 1,2$ m/secondo $= 4,32$ km/h
Correre alla massima velocità in acqua è 12 volte più faticoso che muoversi velocemente alla massima velocità a "secco".

Altezza ideale dell'acqua

In questo ebook tutte le proposte che vedrai sono state svolte nella piscina dove lavoro che ha un'altezza dell'acqua che varia da 120 centimetri a 140 centimetri e ha una lunghezza di 25 metri (come la maggior parte delle piscine). Logicamente lavorare a un'altezza maggiore significa diversificare i protocolli di lavoro e obbliga a utilizzare cinture galleggianti per svolgere gli esercizi.

Comunque il mio consiglio è di allenarsi in vasche con acqua all'altezza dell'ombelico o del petto. Se la piscina che puoi frequentare ha un'altezza differente dalla mia dovrai avere degli accorgimenti che comunque non pregiudicheranno il tuo allenamento. Se invece svolgerai le tue sedute al mare, basta allontanarsi qualche metro dalla riva, raggiungere l'altezza dell'acqua desiderata e allenarsi parallelamente al bagnasciuga. In questo modo anche se non sai nuotare non c'è pericolo di avere problemi.

SEGRETO n. 4: l'acqua training ti dà la possibilità di allenarti anche al mare. Basta raggiungere il livello di altezza adatto a te e potrai svolgere il tuo *workout* preferito.

RIEPILOGO DEL CAPITOLO 1:

- SEGRETO n. 1: Allenarsi in acqua offre enormi vantaggi per il miglioramento del tuo corpo e della tua salute.
- SEGRETO n. 2: Quando t'immergi in acqua, il tuo peso diminuisce. Questo ti permette di svolgere attività fisica anche se hai problemi muscolari o alle articolazioni.
- SEGRETO n. 3: Anche se sei in sovrappeso puoi svolgere attività in acqua. Questo è molto importante perché a "secco" dovresti evitare tanti esercizi per salvaguardare le articolazioni. A terra cammineresti, in acqua corri!
- SEGRETO n. 4: L'acqua training ti dà la possibilità di allenarti anche al mare. Basta raggiungere il livello di altezza adatto a te e potrai svolgere il tuo *workout* preferito.

CAPITOLO 2:
Come allenarsi senza attrezzi

Se non sai nuotare o non hai mai frequentato una piscina, puoi comunque allenarti con i miei programmi. Il motivo è molto semplice: l'acqua training per i "non nuotatori" utilizza gli stessi movimenti che puoi fare in palestra. Dovrai correre, saltare ed eseguire esercizi di forza proprio come preferisci, cercando di superare la resistenza che crea l'acqua.

Ti assicuro che è una brutta gatta da pelare per tutti. Ho visto super atleti, corridori di ottimo livello, calciatori, ciclisti, cestisti, bodybuilder e tanti altri sportivi di ottimo livello non terminare la lezione di acquatrainig. Vuoi sapere il motivo? È veramente tosta! Imparerai a muoverti nell'acqua in tutti i modi, in atteggiamento prono (pancia in giù), in atteggiamento supino (pancia su) e laterale.

Farai esercizi di potenziamento utilizzando sia l'acqua sia il bordo vasca e soprattutto dimagrirai in maniera divertente perché, lo sanno di tutti, stare in acqua fa tornare anche un po' bambini. Non sottovalutare quest'aspetto perché con la vita stressante di oggi, sorridere un po', è un toccasana per la mente e il corpo.

SEGRETO n. 5: dedica al tuo corpo e alla tua mente un po' di tempo. Se stai bene con te stesso anche le persone che ti circondano né risentiranno positivamente.

L'allenamento in acqua è simile a qualsiasi esercitazione svolta a terra, sia come durata sia come intensità. Ha in più tutti i benefici elencati in precedenza. La lezione ideale è di 50 minuti divisa in questo modo:
- 10 minuti riscaldamento;
- 30-35 minuti fase centrale (potenziamento e lavoro intermittente);
- 5-10 minuti defaticamento e stretching.

Non mi soffermerei troppo sullo stretching alla fine solo per un motivo: se la temperatura dell'acqua è un po' bassa, si rischia un eccessivo raffreddamento e quindi ti consiglio di fare solo gli esercizi più importanti. Ovviamente per essere efficace devi svolgere almeno 2-3 lezioni la settimana perché se non t'impegni al massimo e non ti alimenti correttamente i sacrifici saranno inutili.

SEGRETO n. 6: i metodi sbrigativi non esistono; per rimettersi in forma un po' d'impegno e qualche rinuncia sono necessari. Se vuoi tutto e subito hai sbagliato strada.

Entriamo adesso nella parte più interessante di questo ebook, anche perché se stai leggendo questo libro, sei sicuramente uno che ha voglia di "tuffarsi" e migliorare il suo benessere psicofisico.

AVVERTENZE SPECIALI!

- i programmi di allenamento non intendono sostituirsi, in alcun modo, a parere medico o di altri specialisti;
- sono indirizzati a soggetti senza patologie in corso;
- l'autore e la casa editrice declinano ogni responsabilità di effetti e conseguenze risultanti dall'uso delle informazioni contenute nell'ebook e dalla loro messa in pratica;
- consulta il tuo medico di fiducia prima di intraprendere

> qualsiasi forma di attività fisica, o regime alimentare.

Allenamento 1° livello (principianti)

Rientri in questa fascia se non hai dimestichezza con l'acqua (non sai nuotare bene o affatto), non ti alleni da più di tre mesi, sei in forte sovrappeso o hai piccoli problemi muscolari, alle articolazioni o alla schiena.

Obiettivi:

- dimagrimento;
- accelerazione del metabolismo;
- miglioramento dell'efficienza cardio-vascolare;
- potenziamento generale di tutti i muscoli del corpo;
- miglioramento della mobilità articolare;
- incremento dell'elasticità muscolare;
- benessere psicofisico (produzione endorfine).

> **IMPORTANTE!!!**
> - Per ottenere fotografie più chiare, ho preferito scattare alcune foto fuori dall'acqua invece che dentro. Tutte le esercitazioni sono, però, da considerarsi svolte in acqua!

Workout n. 1:
Riscaldamento

- 2 min. di corsa sul posto a ritmo blando;

- 2 min. di corsa sul posto a velocità media;

- 1 min. di corsa sul posto portando le ginocchia al petto (skip velocità media);

- 1 min. di corsa sul posto portando i talloni ai glutei (calciata dietro a velocità media);

- 1 min. di corsa sul posto a velocità media;

- 1 min. saltelli sul posto con entrambe le gambe, aprendole e chiudendole, sia sul piano frontale sia sagittale, a velocità media;

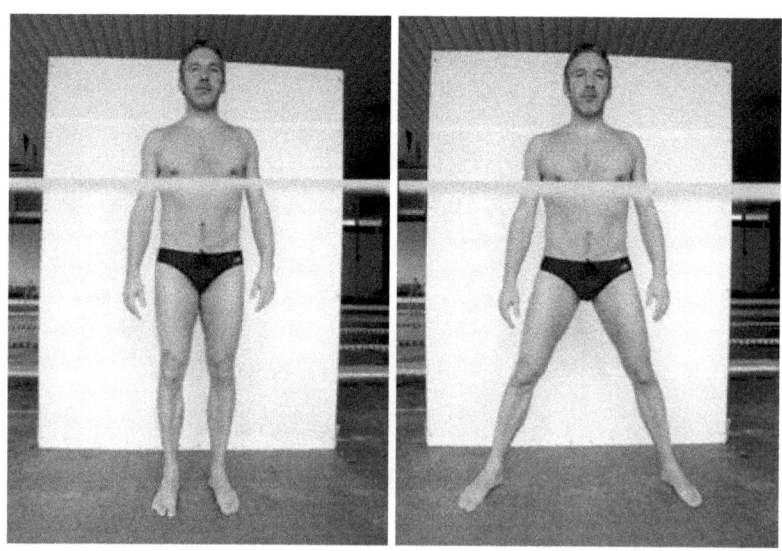

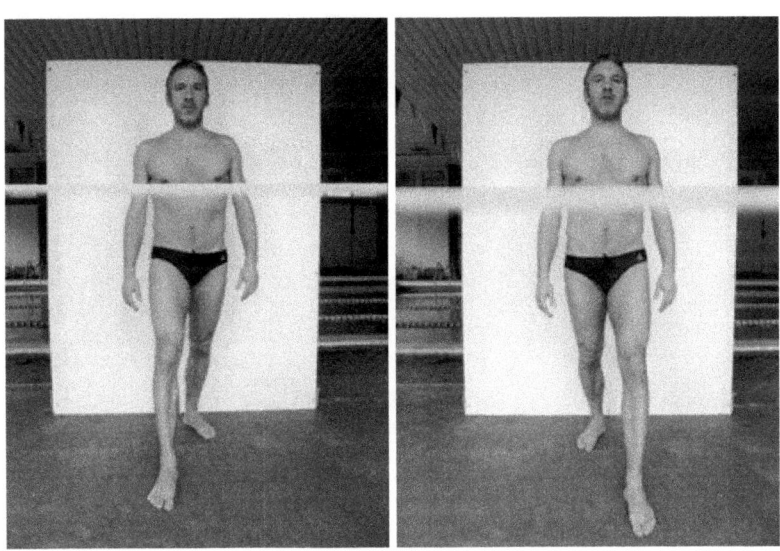

- 1 min. in appoggio al bordo, slanci delle gambe avanti-indietro, destra-sinistra, apro-chiudo, sia a gambe tese sia a gambe flesse (velocità media);

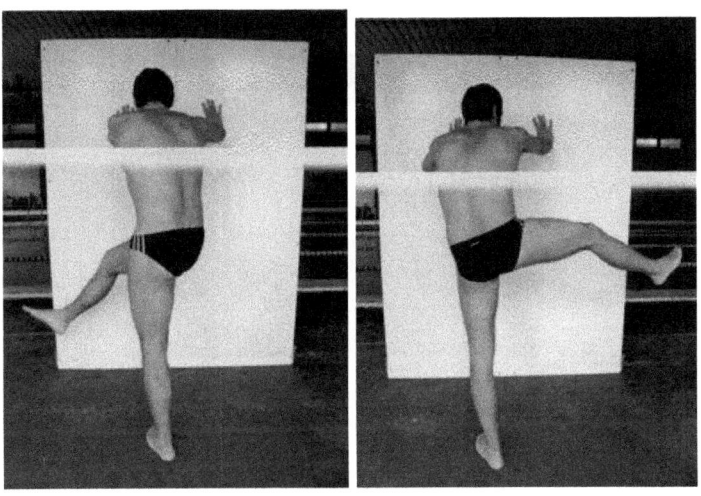

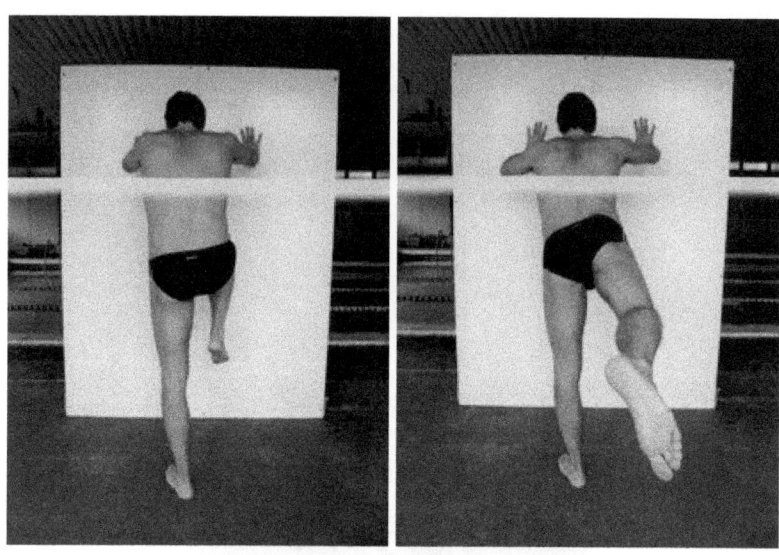
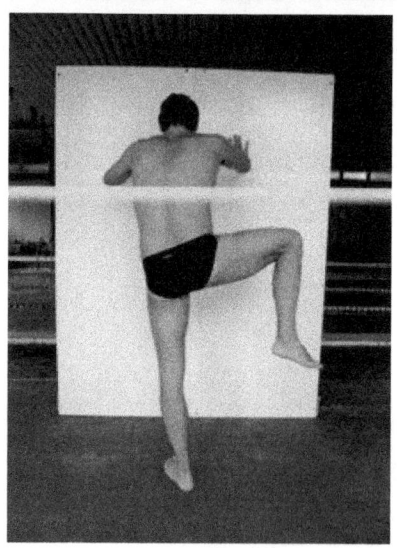

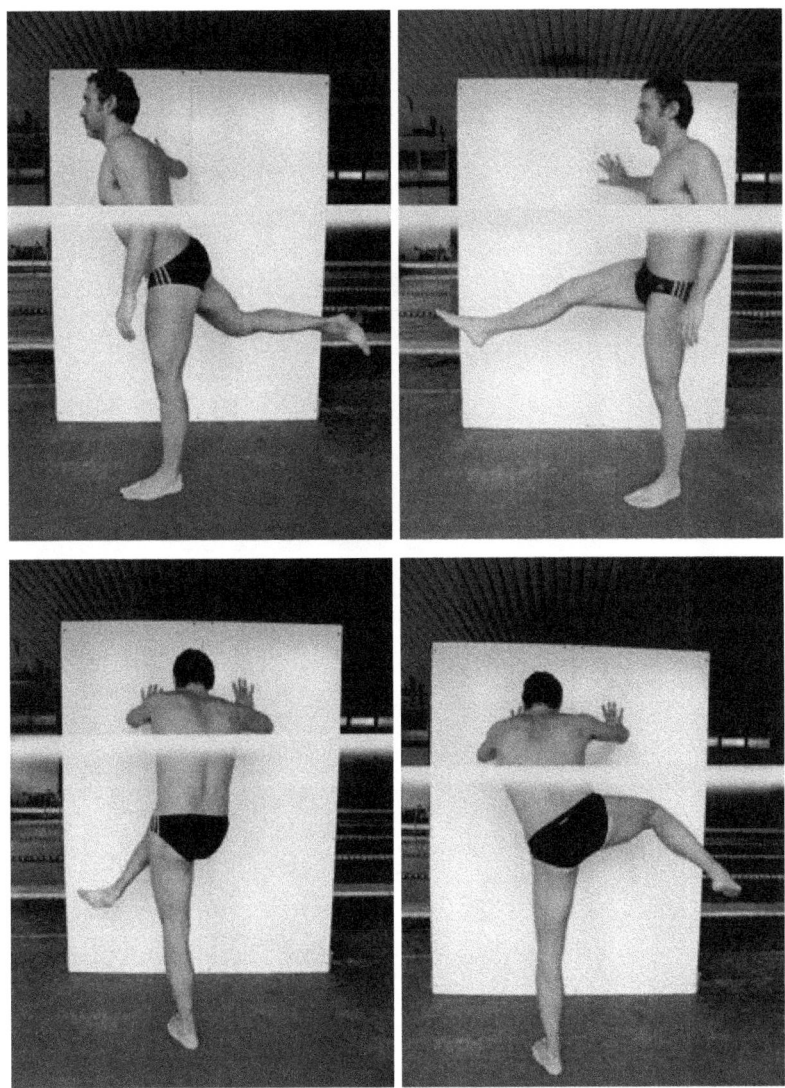

- 1 min. spinta dell'acqua con le braccia in avanti, in basso e in fuori, sia con entrambe contemporaneamente sia alternandole, a velocità media.

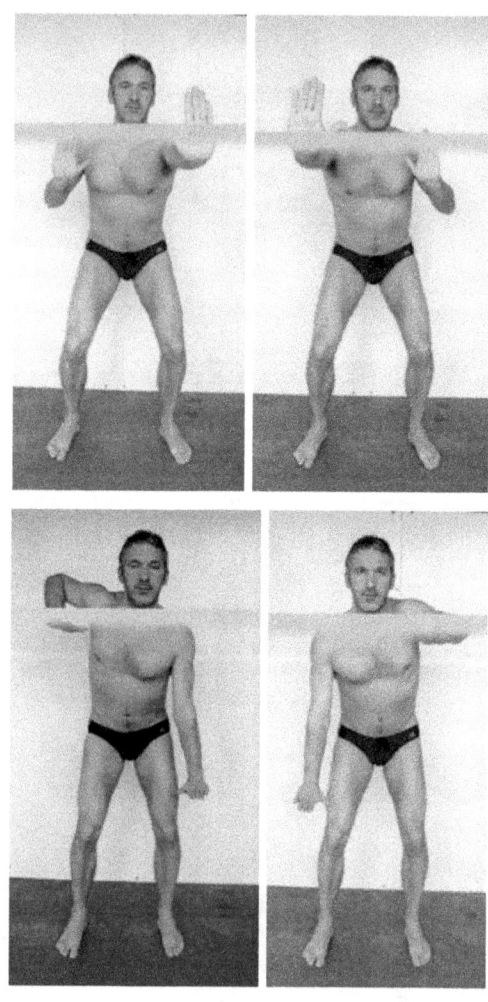

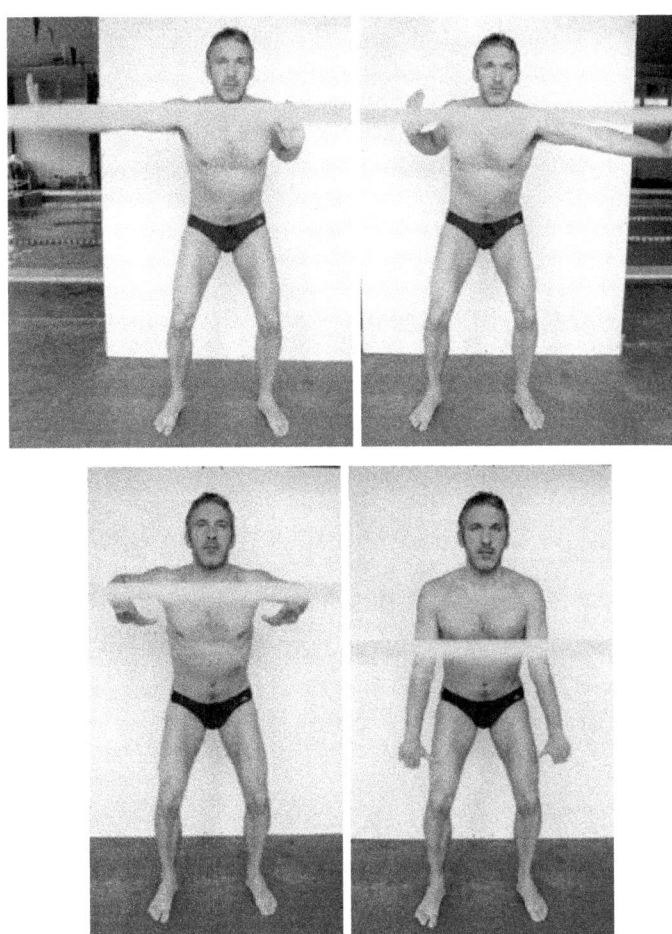

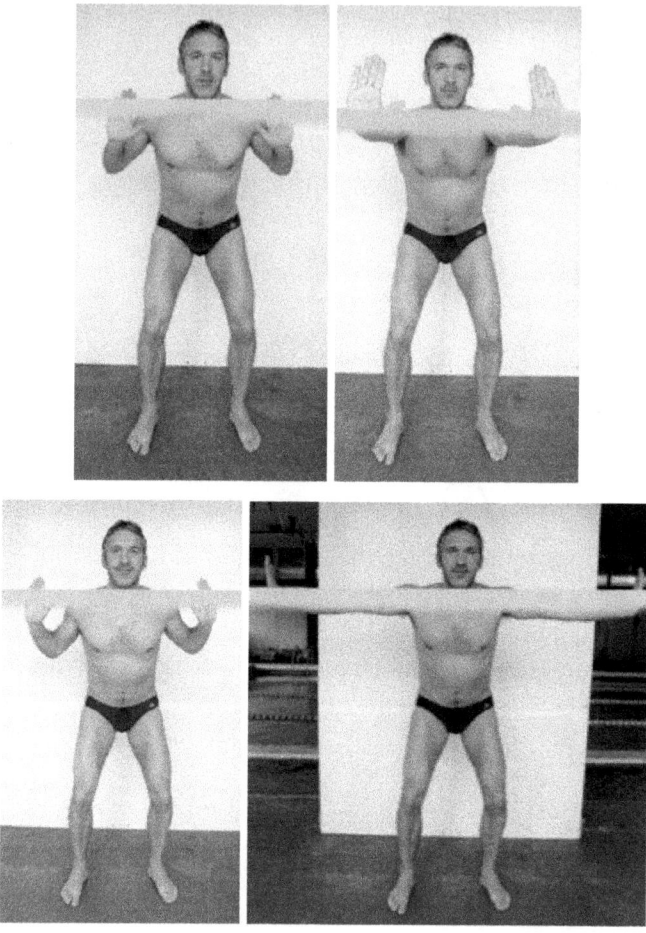

Fase centrale:

Potenziamento

- 1 min. di balzi sul posto portando le ginocchia al petto;

- Recupero 30 secondi;
- 1 min. mantenere la posizione della "seggiola" (angolo busto-gambe 90° in sospensione) aiutandosi con piccoli movimenti degli avambracci e delle mani;

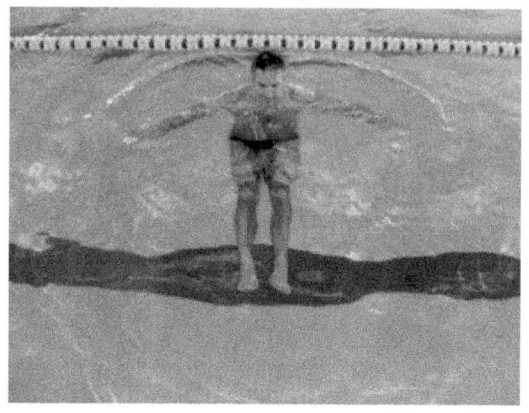

- Recupero 30 secondi;
- 1 min. dalla posizione della "seggiola" (in sospensione) portare le ginocchia al petto e poi distendere nuovamente le gambe; puoi fare questo movimento con le gambe contemporaneamente o alternativamente;

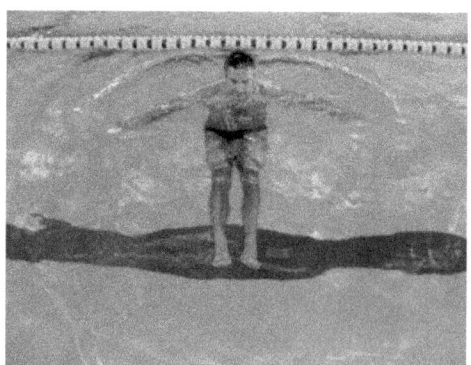

- Recupero 30 secondi;
- 1min. in piedi, con le gambe leggermente piegate, avvicinare i gomiti al busto e fare movimenti verso l'alto degli avambracci, con il palmo della mano rivolto verso l'alto (curl per bicipiti). Puoi fare questo movimento con le braccia contemporaneamente o alternativamente;

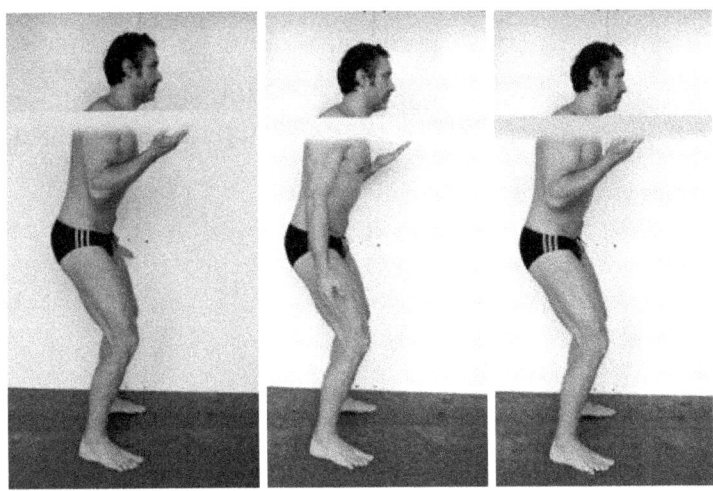

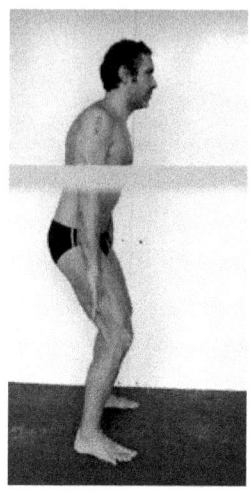

- Recupero 30 secondi;
- 1 min. in piedi, con le gambe leggermente piegate, avvicinare i gomiti al busto e fare movimenti verso il basso degli avambracci, con il palmo della mano rivolto verso il basso (spinte per tricipiti). Puoi fare questo movimento con le braccia contemporaneamente o alternativamente;

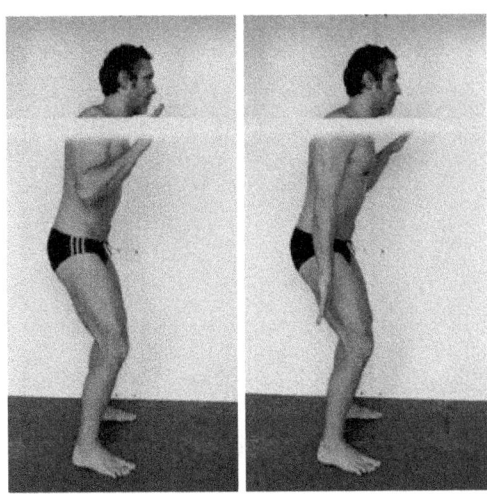

- Recupero 30 secondi;
- 1 min. dalla posizione della "seggiola" (in sospensione) aprire e chiudere le gambe senza flettere le ginocchia. Alternare movimenti ampi (allargo molto) con movimenti più contenuti (allargo poco);

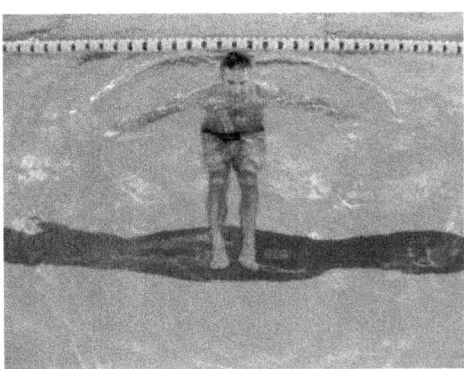

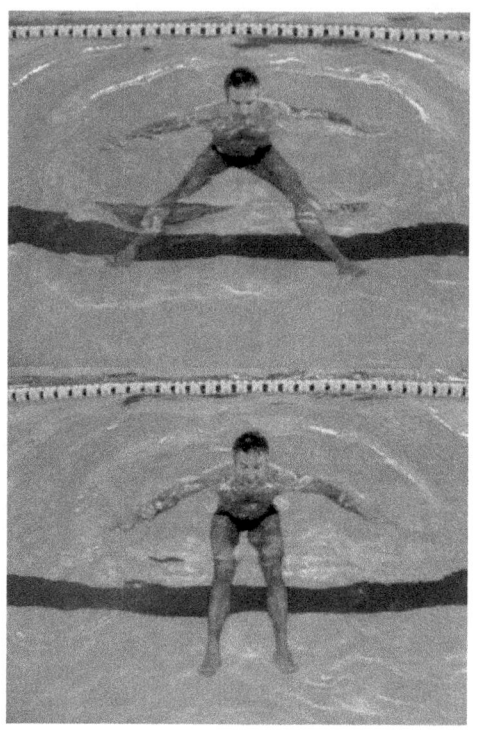

- Recupero 30 secondi;
- 1 min. dalla posizione della "seggiola" (in sospensione) portare le ginocchia al petto, estendere le gambe verso sinistra, riportare le ginocchia al petto, estendere le gambe verso destra (twist);

- Recupero 30 secondi;
- 1 min. in piedi, con le gambe leggermente piegate, allargare le braccia. Portare le braccia davanti alla testa mantenendole tese con il palmo rivolto in avanti; poi riportarle nella posizione di partenza con il palmo rivolto indietro;

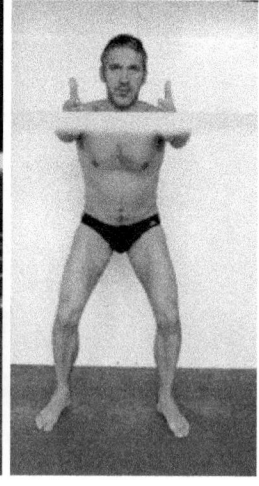

- Recupero 30 secondi;
- 1 min. in piedi, con le gambe leggermente piegate, allargare le braccia con il palmo delle mani rivolto in basso. Addurre (avvicinare) e abdurre (allontanare) le braccia al busto;

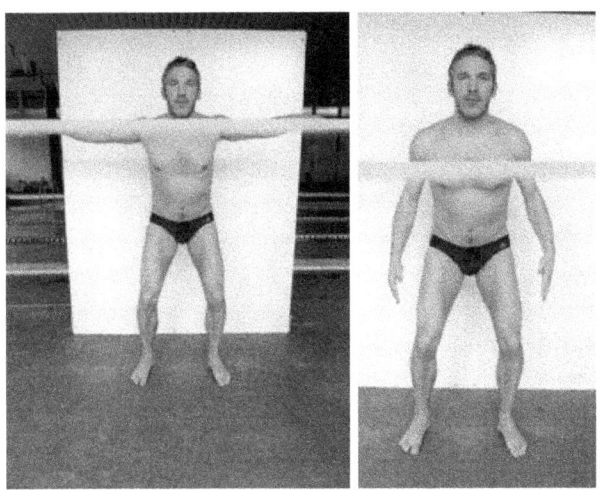

- Recupero 30 secondi;
- 1 min. in piedi, alternare un calcio con la gamba destra e un

calcio con la gamba sinistra (incrociare il movimento come per calciare un pallone).

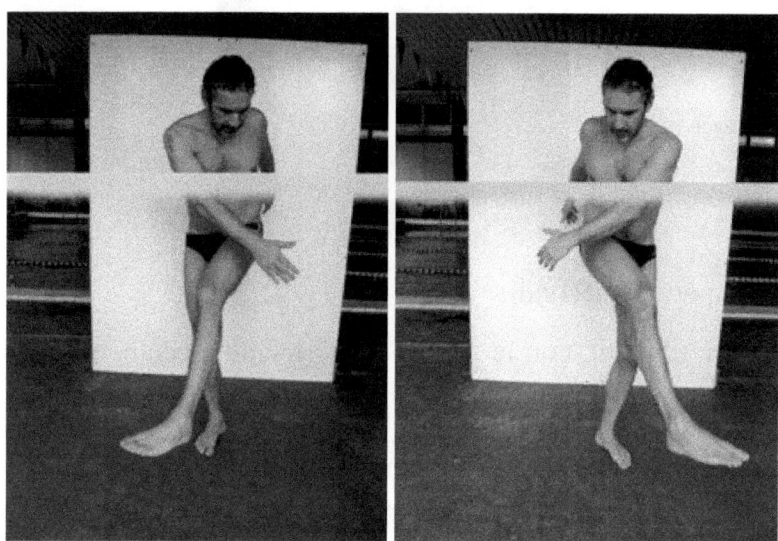

Lavoro intermittente
20/20; 15/15

Corri alternando corsa lenta a corsa veloce. Per semplificare diciamo che in una scala da uno (velocità minima) a dieci (velocità massima) la corsa lenta equivale a 2-3 e la corsa veloce a 7-8.

- (6x20"corsa lenta/20"corsa veloce) x 3 serie con 2 minuti di recupero tra le serie + (6x15"corsa lenta/15"corsa veloce) x 3 serie con 1 minuto e 30 secondi di recupero tra le serie;

Adesso ti spiego che cosa significa! Correndo in acqua lungo la vasca devi alternare 20 secondi lenti a venti secondi veloci. Il tutto per 6 volte, correndo quindi per 4 minuti di fila. Recuperare 2 minuti rimanendo rilassato sul bordo vasca o dove preferisci e ripetere l'esercizio altre 2 volte. In sostanza correresti per 12 minuti e ogni 4 minuti recuperi 2 minuti.

Poi, sempre correndo in acqua lungo la vasca, devi alternare 15 secondi lenti a 15 secondi veloci. Il tutto per 6 volte, correndo quindi per 3 minuti di fila. Recuperare 1 minuto e 30 secondi rimanendo rilassato sul bordo vasca o dove preferisci e ripetere l'esercizio altre 2 volte. In sostanza correresti per 9 minuti e ogni

3 minuti recupereresti 1 minuto e 30 secondi. In totale correrai 21 minuti.

Defaticamento

- 5 min. in appoggio con i gomiti sulla corsia esegui rotazioni dei piedi, flessione plantare e dorsale dei piedi, bicicletta con le gambe;

- 5 min. stretching.

SEGRETO n. 7: puoi affrontare l'allenamento per principianti anche se non hai dimestichezza con l'acqua (non sai nuotare bene o affatto), non ti alleni da più di tre mesi, sei in forte sovrappeso o hai piccoli problemi muscolari, alle

articolazioni o alla schiena.

Allenamento 2° livello (intermedi)
Rientri in questa fascia se hai dimestichezza con l'acqua (nuoti bene o abbastanza bene), ti alleni regolarmente almeno 2 giorni a settimana e hai già una discreta forma fisica.

Obiettivi:
- dimagrimento;
- accelerazione del metabolismo;
- miglioramento dell'efficienza cardio-vascolare;
- potenziamento generale di tutti i muscoli del corpo;
- miglioramento della mobilità articolare;
- incremento dell'elasticità muscolare;
- benessere psicofisico (produzione endorfine).

Workout n. 2:
Riscaldamento
- 1 vasca (25m.) stile libero;

- 1 vasca corsa lenta;

- 1 vasca stile libero;
- 1 vasca corsa lenta;
- 1 vasca dorso;

- 1 vasca corsa lenta;
- 1 vasca dorso;
- 1 vasca corsa lenta;
- 1 vasca skip alto;

- 1 vasca calciata dietro;

- 1 vasca skip alto;
- 1 vasca calciata dietro;
- 1 vasca andatura laterale coordinando braccia e gambe (3 passi con gamba dx avanti e 3 passi con gamba sx avanti);

- 1 vasca alternando 4 passi skip alto a 4 passi skip basso.

Fase centrale:

Potenziamento

- 2 min. appoggia le mani sul bordo a una larghezza pari a quella delle spalle, piega le ginocchia (angolo coscia-gamba 90°) e sollevati fino a estendere le braccia. Poi abbassati lentamente tenendo i gomiti vicini al busto fino a formare un angolo di 90° tra braccio e avambraccio. Mantieni la posizione 3 secondi e poi risollevati.

- Recupero 30 secondi;
- 2 min. spalle al blocco di partenza, afferralo con le mani e mantieni le braccia tese o piegate. Da questa posizione porta le ginocchia al petto; quindi abbassale lentamente fino a formare un angolo di 90° tra coscia e busto. Mantieni la posizione 3 secondi poi solleva nuovamente le gambe.

- Recupero 30 secondi;
- 2 min. spalle al blocco di partenza, afferralo con le mani e mantieni le braccia tese o piegate. Da questa posizione porta le gambe tese al petto, fino a sfiorare il viso con i piedi; quindi abbassale lentamente fino a formare un angolo di 90° tra coscia e busto. Mantieni la posizione 3 secondi poi solleva nuovamente le gambe.

- Recupero 30 secondi;
- 2 min. sul gradino della scaletta (per l'ingresso in vasca), in appoggio monopodalico (su un piede), con l'acqua a metà coscia. Alterna 5 squat con la gamba dx e 5 con la sx. Utilizza le mani solo per l'equilibrio, senza tenerti con forza.

- Recupero 30 secondi;
- 2 min. fronte al blocco di partenza, afferralo con le mani (presa supina-pollici in fuori, oppure laterale al blocco), mantieni le braccia tese e piega le ginocchia (angolo coscia-gamba 90°). Esegui delle trazioni rimanendo 5 secondi in isometria nel punto di contrazione maggiore del bicipite, quindi abbassati lentamente e ricomincia.

Lavoro intermittente
20/20; 15/15; 10/10

Devi correre alternando corsa lenta a corsa veloce. Per semplificare diciamo che in una scala da uno (velocità minima) a dieci (velocità massima) la corsa lenta equivale a 2-3 e la corsa veloce a 8-9.

- (6x20"corsa lenta/20"corsa veloce) x 3 serie con 2 minuti di recupero tra le serie + (6x15"corsa lenta/15"corsa veloce) x 3 serie con 1 minuto e 30 secondi di recupero tra le serie + (6x10"corsa lenta/10"corsa veloce) x 3 serie con 1 minuto di recupero tra le serie.

Adesso ti spiego cosa significa! Correndo in acqua lungo la vasca devi alternare 20 secondi lenti a venti secondi veloci. Il tutto per 6 volte, correndo quindi per 4 minuti di fila. Recuperare 2 minuti rimanendo rilassato sul bordo vasca e ripetere l'esercizio altre 2 volte. In sostanza correresti per 12 minuti e ogni 4 minuti recuperi 2 minuti.

Poi sempre correndo in acqua lungo la vasca devi alternare 15 secondi lenti a 15 secondi veloci. Il tutto per 6 volte, correndo quindi per 3 minuti di fila. Recuperare 1 minuto e 30 secondi rimanendo rilassato sul bordo vasca e ripetere l'esercizio altre 2 volte. In sostanza correresti per 9 minuti e ogni 3 minuti recuperi 1 minuto e 30 secondi. Infine sempre correndo in acqua lungo la vasca devi alternare 10 secondi lenti a 10 secondi veloci. Il tutto per 6 volte, correndo quindi per 2 minuti di fila. Recuperare 1 minuto e ripetere l'esercizio altre 2 volte. In totale correrai 27 minuti.

Defaticamento

- 5 min. in appoggio con i gomiti sulla corsia esegui rotazioni dei piedi, flessione plantare e dorsale dei piedi, bicicletta con le gambe; oppure 5 minuti di nuoto lento nello stile che preferisci;

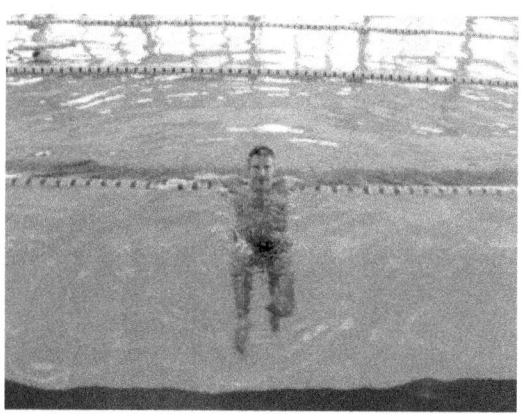

- 5 min. stretching.

SEGRETO n. 8: puoi affrontare l'allenamento per intermedi se hai dimestichezza con l'acqua (nuoti bene o abbastanza

bene), ti alleni regolarmente almeno 2 giorni a settimana e hai già una discreta forma fisica.

RIEPILOGO DEL CAPITOLO 2:

- SEGRETO n. 5: Dedica al tuo corpo e alla tua mente un po' di tempo. Rimarrai per tutta la vita, la persona più importante per te stesso. Se stai bene anche le persone che ti circondano né risentiranno positivamente.
- SEGRETO n. 6: I metodi sbrigativi non esistono; per rimettersi in forma un po' d'impegno e qualche rinuncia sono necessari. Se vuoi tutto e subito hai sbagliato strada.
- SEGRETO n. 7: Puoi affrontare l'allenamento per principianti anche se non hai dimestichezza con l'acqua (non sai nuotare bene o affatto), non ti alleni da più di quattro mesi, sei in forte sovrappeso o hai piccoli problemi muscolari, alle articolazioni o alla schiena.
- SEGRETO n. 8: Puoi affrontare l'allenamento per intermedi se hai dimestichezza con l'acqua (nuoti bene o abbastanza bene), ti alleni regolarmente almeno 2 giorni a settimana e hai già una discreta forma fisica.

CAPITOLO 3:
Come allenarsi con gli attrezzi

Abbiamo visto come andare in piscina, non significa solo nuotare. Con un po' di fantasia è possibile trasformare il bordo vasca in una piccola palestra e utilizzare i bordi e i blocchi per potenziare il tuo fisico. Allenandoti con impegno e determinazione puoi tranquillamente trasformare il tuo corpo come credi anche in acqua e perfino senza saper nuotare. Tuttavia, oggi, se entri in una piscina, puoi trovare attrezzi che normalmente vedi in palestra.

Sto parlando di biciclette (hidrobike), tapis roulant (treadmill), step e tanto altro. Oppure piccoli attrezzi come hydrocavigliere, hydromanubri, hydrobilancieri, elastici, pinnette ecc. La mia proposta per te, esclude i grandi attrezzi perché il mio intento è di proporti un allenamento che puoi svolgere in qualsiasi momento. Per fare questo utilizzeremo solo piccoli attrezzi che per il loro costo moderato e il loro scarso volume potresti anche comprare, mettere in borsa e utilizzare come e quando vuoi.

Nella proposta che vedrai ho utilizzato:

- tavoletta;
- cintura galleggiante;
- palette;
- pinnette;
- polsiere o cavigliere galleggianti.

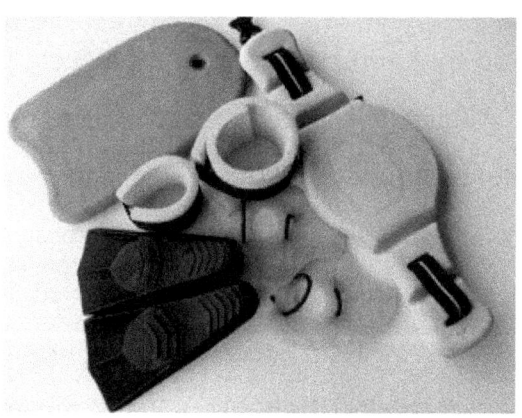

Allenamento 3° livello con attrezzi (avanzati)

Rientri in questa fascia se hai dimestichezza con l'acqua (nuoti bene o abbastanza bene), ti alleni regolarmente almeno 3 giorni a settimana e hai già una buona forma fisica. Quest'allenamento è molto impegnativo ma alla fine molto gratificante. È molto utile come condizionamento in generale (organico e muscolare).

È molto duro, ma con impegno e determinazione i risultati saranno eccezionali. Sentirai i muscoli lavorare intensamente e imparerai a potenziarti nell'acqua come non avresti mai pensato! L'utilizzo degli attrezzi renderà gli esercizi più intensi ma allo stesso tempo più efficaci. Se sei pronto, iniziamo!

Obiettivi:

- dimagrimento;
- accelerazione del metabolismo;
- miglioramento dell'efficienza cardio-vascolare;
- potenziamento generale di tutti i muscoli del corpo;
- miglioramento della mobilità articolare;
- incremento dell'elasticità muscolare;
- benessere psicofisico (produzione endorfine).

Riscaldamento

- 2 vasche (25 metri) a stile libero con palette;

- 2 vasche corsa alternando 4 passi skip (ginocchia alte) e 4 passi calciata dietro (piedi ai glutei);

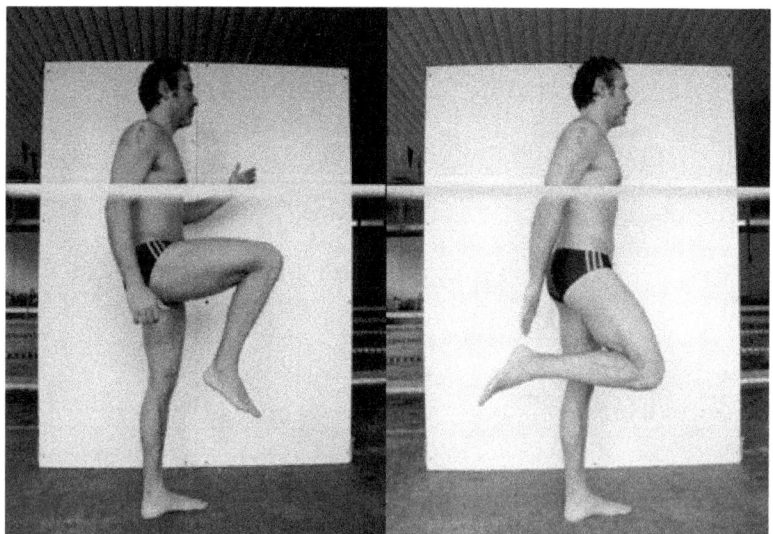

- 2 vasche a stile con palette;
- 2 vasche correndo indietro a zig-zag;

- 2 vasche dorso con palette;

- 2 vasche correndo avanti a zig-zag;

- 2 vasche dorso con palette;
- 2 vasche scivolamenti indietro a zig-zag;

- 2 vasche alternando 4 passi skip basso a 4 passi skip alto;

- 2 vasche con mani dietro la nuca. Avanzare a buon ritmo sollevando alternativamente le ginocchia e incrociando con i gomiti. Il gomito dx tocca il ginocchio sx e viceversa;

- 2 vasche balzi in avanzamento portando le ginocchia al petto ogni volta;

Fase centrale

Potenziamento e condizionamento

- 4 vasche con le pinnette ai piedi, la cintura galleggiante e tenendo la tavoletta. Mettiti a squadra (angolo busto-gambe 90°) tenendo la tavoletta davanti al busto con le braccia tese e posizionati di spalle alla direzione da prendere. Muovi le gambe alternativamente dal basso verso l'alto spostandoti all'indietro. Cerca di tenere il piede in flessione plantare (non a martello) e fai movimenti controllati e ampi. Recupera 15"-20" ogni vasca;

- 4 vasche con le pinnette ai piedi, la cintura galleggiante e tenendo la tavoletta. Mettiti sul fianco e tieni la tavola con una mano. L'altra è distesa lungo il fianco. Dalla posizione distesa laterale muovi alternativamente e lateralmente le gambe spostandoti in avanti. Alterna una vasca lato dx e una lato sx. Cerca di tenere il piede in flessione plantare (non a martello) e fai movimenti controllati e ampi. Recupera 15"- 20" ogni vasca;

- 2 vasche con le pinnette ai piedi, la cintura galleggiante e tenendo la tavoletta. In atteggiamento prono (pancia in giù), spingi la tavoletta verso il fondo della vasca e muovi le gambe alternativamente verso il basso. Cerca di tenere il piede in flessione plantare (non a martello) e fai movimenti controllati e ampi. Recupera 15" – 20" ogni vasca;

- 2 vasche in posizione di squadra (angolo busto-gambe 90°)

con la cintura galleggiante e le palette. Avanza solo con il movimento delle braccia a rana. Recupera 15" – 20" ogni vasca;

- 2 vasche nuota a stile libero con le palette nelle mani. Tieni la testa fuori e mantenendo la tavoletta tra le gambe, muovi solo le braccia. Recupera 15"- 20" ogni vasca;

- 2 vasche nuota a dorso con le palette nelle mani. Tieni la tavoletta tra le gambe e muovi solo le braccia. Recupera 15" – 20" ogni vasca.

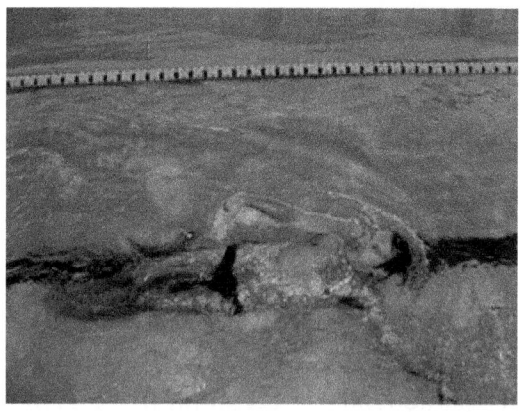

Lavoro intermittente
Tabata training

Questo metodo innovativo è stato ideato dal dott. Izumi Tabata, un ricercatore dell'Istituto Nazionale Giapponese del fitness e dello sport. È semplicemente fantastico per migliorare le tue capacità aerobiche e anaerobiche. È molto più efficace di qualsiasi altra attività aerobica. Se utilizzato regolarmente, può migliorare le tue capacità fisiche enormemente nel giro di 2 mesi. Ha anche un aspetto positivo: è breve! Purtroppo, come tutte le cose che funzionano c'è però un prezzo da pagare: è semplicemente **MASSACRANTE!**

In pratica devi correre alternando corsa lenta a corsa veloce. Per semplificare diciamo che in una scala da 1 (velocità minima) a 10 (velocità massima) la corsa lenta equivale a 1 e la corsa veloce a 10.

- (8x20"corsa veloce (max velocità)/10"corsa lenta (min velocità-cammini) x 3 serie con 2 minuti di recupero tra le serie.

Adesso ti spiego cosa significa! Correndo in acqua lungo la vasca devi alternare 20 secondi alla massima velocità raggiungibile a 10 secondi lenti, dove puoi anche solo camminare. Il tutto per 8 volte, quindi correndo per 4 minuti di fila. Recuperi 2 minuti rimanendo rilassato sul bordo vasca o dove preferisci e ripeti l'esercizio altre 2 volte. In sostanza correresti per 12 minuti (**durissimi!**) e ogni 4 minuti recuperi 2 minuti.

Defaticamento

- 5 min. in appoggio con i gomiti sul bordo esegui rotazioni dei piedi, flessione plantare e dorsale dei piedi, bicicletta con le gambe; oppure 5 minuti di nuoto lento nello stile che preferisci;

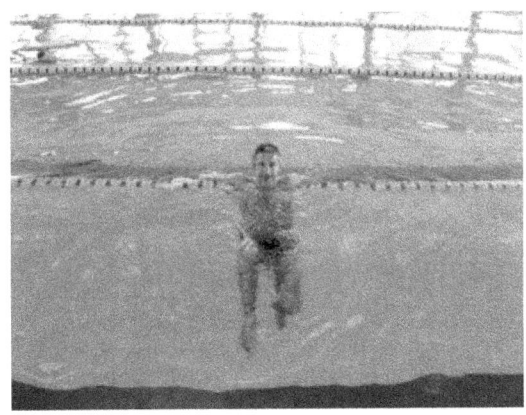

- 5 min. stretching.

SEGRETO n. 9: puoi affrontare l'allenamento per esperti se hai dimestichezza con l'acqua (nuoti bene o abbastanza bene), ti alleni regolarmente almeno 3 giorni a settimana e hai già una buona forma fisica.

Questi tre programmi sono degli esempi su come eseguire gli esercizi in acqua e come organizzare il tuo allenamento. Nessuno ti vieta di integrarli con movimenti diversi o utilizzare alcune esercitazioni di un programma e altre di un altro. L'importante è rispettare i tempi delle tre fasi (riscaldamento, fase centrale e defaticamento).

Inoltre, in acqua è possibile eseguire tantissime altre esercitazioni. Il mio intento è quello di farti vedere, con questi tre programmi, come e quanto migliora il tuo fisico con semplici movimenti svolti in piscina. Se ti alleni in palestra o pratichi un'attività sportiva, puoi tranquillamente integrare la tua settimana tipo con uno dei miei programmi. Adesso non ti resta che andare in piscina e iniziare a nuotare anzi…. a **correre!**

Come proteggere la schiena in acqua
Ho voluto dedicare l'ultimo paragrafo di questo ebook a uno dei disturbi più diffusi: il mal di schiena! Sicuramente ti sarà capitato di avere disturbi alla schiena e ti sarai accorto di quanta sofferenza comporta.

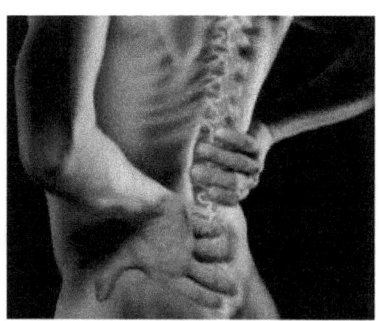

Fonte sportbrain.it

Il consiglio che va per la maggiore, a parte anti-dolorifici che spaccano lo stomaco, è di andare in piscina. Il nuoto è un toccasana per i tuoi lombi ma se non sai nuotare o fai fatica, allora diventa un problema. In questo capitolo ti voglio proporre alcuni esercizi che risolveranno molti dei tuoi fastidi. Se vuoi, puoi anche abbinarli agli esercizi che ho illustrato nel mio ebook <u>**Super Core Training**</u> (edito sempre da **Bruno Editore**).

Sono movimenti di facile esecuzione ma adatti anche a chi, in acqua, non si muove bene. I benefici sono riconducibili all'immersione del corpo e al conseguente scarico gravitazionale già accennato in precedenza. Inoltre, se la temperatura dell'acqua è sufficientemente calda (32°- 33°), il dolore si sopporta meglio, i muscoli si rilassano, la rigidità articolare si attenua e si migliora la circolazione.

Queste caratteristiche permettono di svolgere in acqua molte posture che a terra sarebbero improponibili perché troppo dolorose. Cerca di fare almeno 10-15 ripetizioni negli esercizi in movimento e mantieni la posizione almeno 2-3 minuti nelle esercitazioni, dove galleggi staticamente.

SEGRETO n. 10: gli esercizi rieducativi in acqua rappresentano una delle metodiche migliori per il trattamento del mal di schiena.

Nella proposta che vedrai ho utilizzato:
- collare galleggiante;
- cavigliere o polsiere galleggianti;
- tubo galleggiante;
- tavoletta.

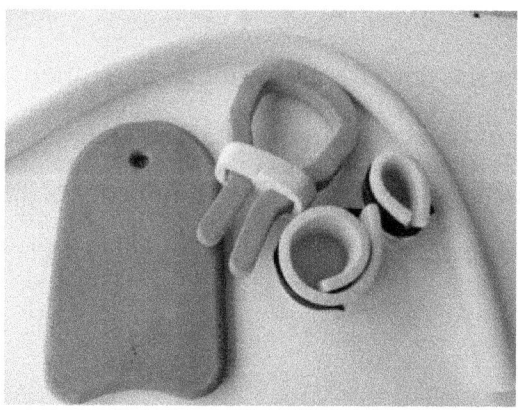

Ecco come puoi eliminare i tuoi fastidi lombari e prevenirli in acqua:
- **Esercizio 1:** anteroversione e retroversione del bacino dalla stazione eretta;

- **Esercizio 2:** anteroversione e retroversione del bacino in posizione supina galleggiando;

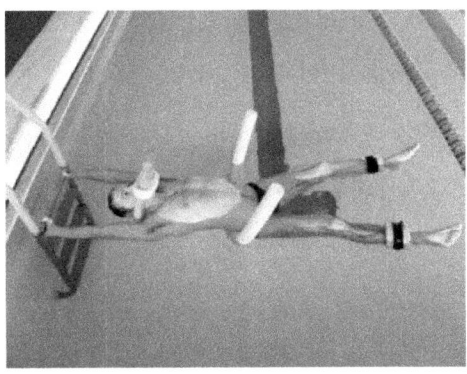

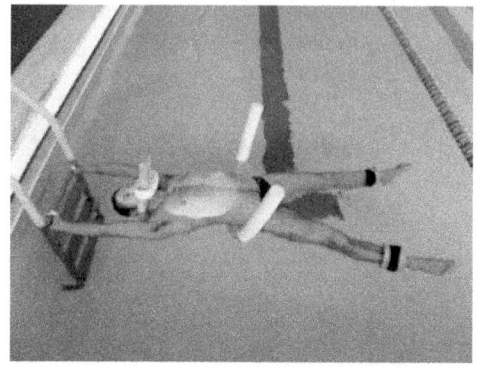

- **Esercizio 3:** galleggiare in atteggiamento supino;

- **Esercizio 4:** galleggiare in atteggiamento prono;

- **Esercizio 5:** bici in atteggiamento supino;

- **Esercizio 6:** raccolta gambe in atteggiamento prono. Dalla posizione di mezzo squat, allungarsi mantenendo le punte dei piedi a contatto con il fondo della vasca. Quindi raccogliere le gambe (tenendo i piedi in flessione dorsale) e lentamente tornare alla posizione iniziale;

- **Esercizio 7:** allungare il dorso dalla stazione eretta. Cercare di mantenere i glutei a contatto con la parete e le gambe leggermente piegate;

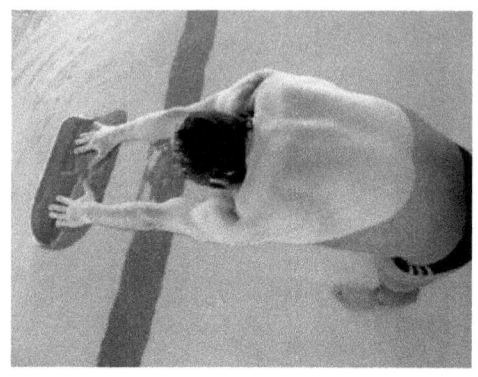

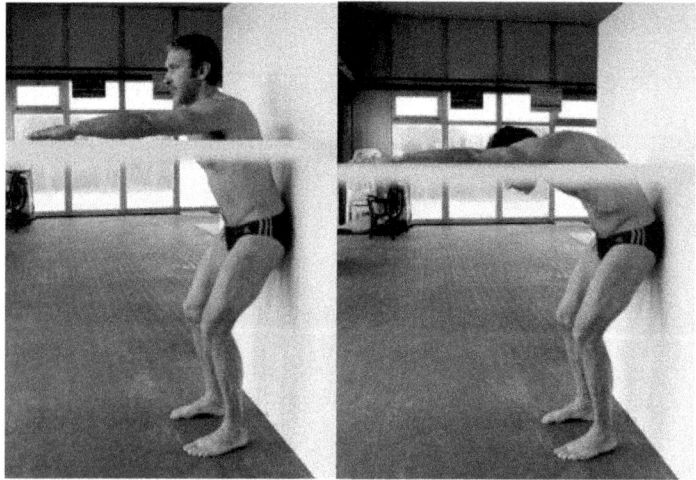

- **Esercizio 8:** gambe a dorso e mani lungo i fianchi;

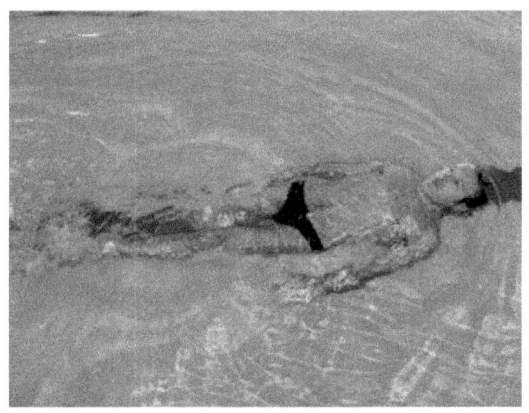

- **Esercizio 9:** gambe a dorso e mani sopra la testa;

- **Esercizio 10:** nuotare a dorso completo lentamente;

SEGRETO n. 11: per la rieducazione in acqua è preferibile una temperatura abbastanza alta (33° circa) altrimenti i benefici sono minori.

Come hai potuto vedere le proposte che ti ho fatto sono semplici e d'immediata attuazione ma ricordati che la schiena è nata per il movimento e renderla flessibile e potenziarla è un impegno che devi prenderti. La sedentarietà e allenamenti sbagliati producono gli stessi effetti sul rachide e i suoi muscoli e cioè: limitano la tua capacità atletica e nel peggiore dei casi anche i tuoi normali gesti quotidiani.

SEGRETO n. 12: dedica 10 minuti alla tua schiena ogni giorno. Vai in piscina, in palestra, dove vuoi ma…..muoviti!

RIEPILOGO DEL CAPITOLO 3:

- SEGRETO n. 9: puoi affrontare l'allenamento per avanzati se hai dimestichezza con l'acqua (nuoti bene o abbastanza bene), ti alleni regolarmente almeno 3 giorni a settimana e hai già una buona forma fisica.
- SEGRETO n. 10: gli esercizi rieducativi in acqua rappresentano una delle metodiche migliori per il trattamento del mal di schiena.
- SEGRETO n. 11: per la rieducazione in acqua è preferibile una temperatura abbastanza alta (33° circa) altrimenti i benefici sono minori.
- SEGRETO n. 12: dedica 10 minuti alla tua schiena ogni giorno, in piscina, in palestra, dove vuoi ma…..muoviti!

Conclusione

Gestisco una piscina da quindici anni e ho fatto della mia passione il mio lavoro quotidiano. Per allenare è necessaria una grande costanza nella preparazione delle lezioni, nell'acquisire nuove competenze tecniche, nel rendersi disponibili e concentrati sulle persone, a prescindere dalle nostre dinamiche personali. L'acqua è un ambiente molto stimolante e l'acqua training, un'attività straordinaria.

Gran parte dei miei clienti, sacrifica qualcosa d'importante nella routine giornaliera per venire in piscina e dedicarsi un po' a sé e migliorare il proprio fisico. Fallo anche tu! L'acqua training fa bene al corpo ma se seguirai i miei consigli, anche il cuore e lo spirito avranno dei grossi benefici. Ritagliati un po' di tempo, nella settimana, anche se ti costa fatica. La determinazione è la chiave di tutto! Se t'impegnerai a fondo e sarai costante arriverai al traguardo desiderato da tutti: **fisico armonioso, cuore forte e spirito sereno!**

L'acqua toglie lo stress e dopo l'allenamento ti sentirai leggero e rilassato. Te lo dice una persona che da venti anni allena e la soddisfazione più grande che ha è vedere le persone dopo l'allenamento sorridere. L'allenamento in acqua annulla, in sostanza, tutti i limiti della terra ferma: niente più dolori muscolari, bassissimo impatto sulla schiena, eccezionali vantaggi su circolazione e ritorno venoso. In più l'acqua ti regala delle sensazioni uniche solo per il semplice fatto di essere immerso in un fluido.

Allenati in acqua e ricordati…**Non è mai troppo tardi per rimetterti in forma e per vivere positivamente orientato al benessere!**

Buon allenamento!
Simone Casagrande

www.ingramcontent.com/pod-product-compliance
Lightning Source LLC
Chambersburg PA
CBHW050917160426
43194CB00011B/2443